Lothar Santer

Mein bierisches Tagebuch

Eine Woche Irland im Zug von Pub zu Pub

AF138748

Bibliografische Information der Deutschen
Nationalbibliothek:
Die Deutsche Nationalbibliothek verzeichnet
diese Publikation in der Deutschen National-
bibliografie; detaillierte bibliografische Daten
sind im Internet über www.dnb.de abrufbar.

Herstellung und Verlag:
BoD – Books on Demand, Norderstedt

ISBN: 978-3-7386-1881-5

Zum Autor:

Lothar Santer, 1975 in Gelsenkirchen-Buer geboren, wohnt in Wuppertal, ist im öffentlichen Dienst tätig und ist verheiratet. In seiner Freizeit kümmert er sich um den Gemeindebrief seiner evangelischen Kirchengemeinde, fährt gerne Zug und ist ein begeisterter Biertrinker. Über seine letztgenannten Erfahrungen berichtet er in seinem Internetblog www.bierblogg.de

Inhaltsverzeichnis

Einstieg

Mein Name ist Lothar Santer. Genau wie der Name vorne auf dem Buchdeckel. Meine Frau Anja sagte mir im April 2015, ich solle halt alleine Urlaub machen. Durch ihren Job bekommen wir in diesem Jahr keinen gemeinsamen Urlaub geplant und sie hat eh bemerkt, dass ich mir im Internet immer wieder neue Eisenbahnrouten angesehen habe.

Gut, das mache ich eh oft und bedeutet eigentlich nichts. Neben meiner großen Leidenschaft Bier fahre ich gerne mit der Eisenbahn, also als Passagier und nicht kniend vor einer Modelleisenbahn. Ich kann sehr gut abschalten, in dem ich mir im Fahrplan imaginäre Fahrten heraussuche und sie auf einer Karte nachverfolge.

Meine Liebe zur Eisenbahn lebe ich jedes Jahr zum Jahresanfang aus. Mit fünf weiteren Männern geht es über ein Wochenende auf Eisenbahntour. Irgendeine europäische Stadt suchen wir uns heraus und bereisen sie. Wir versuchen immer eine Nachtzugverbindung bei unseren Touren unterzubringen.

Aber nun fahre ich alleine und ich habe mir Irland ausgesucht. Es wird dann meine dritte Reise als Backpacker. 2007 bin ich nach Helsinki geflogen und bin mit dem Nachtzug nach Kemi. Ich traf dort morgens um 6.00 Uhr einen Australier, mit dem ich mit dem Bus ins schwedische Luleå gefahren bin. Wir fuhren leider mit dem Bus, denn zwischen Finnland und Schweden gibt es aufgrund der unterschiedlichen Spurbreiten keine Eisenbahnverbindung. Von Luleå fuhr ich dann für drei Tage nach Stockholm, Göteborg habe ich von Stockholm aus besucht und über Kopenhagen ging es zurück nach Wuppertal. 2011 habe ich mir den Traum einer Interrailreise erfüllt. Nach 27 Stunden Fahrzeit und fünfmal Umsteigen war ich in Porto angekommen. Von dort ging es weiter nach Lissabon, Madrid und Barcelona und von Barcelona aus fuhr ich über Luxemburg zurück in das heimische Wuppertal.

Im Februar 2015 haben meine Frau und ich über Karneval Dublin besucht. Seit dem weiß ich auch, dass das Aschenkreuz auf der Stirn am Aschermittwoch keine Erfindung des Rheinlands ist. Seit dem Aufenthalt habe ich den Gedanken wieder mehr von Irland sehen zu wollen.

2001 war ich schon mal in Irland. Damals habe ich mit sechs anderen Menschen ein Hausboot gemietet und wir haben von Tullamore aus zwei Wochen lang den Grand Canal und den River Barow bereist. Es war eine unvergessliche Zeit. Einmal zu sehen, wie sich sieben Menschen zwei Wochen lang auf engstem Raum verhalten, aber auch zu erfahren, wie freundlich die Iren sind.

Irland hat mich immer beschäftigt und begeistert. Bereits in den 90er Jahren habe ich von Tony Hawks das Buch „Mit einem Kühlschrank durch Irland" verschlungen. Eine sehr skurrile Geschichte eines englischen Komikers, der aufgrund einer Wette mit einem Kühlschrank um die Insel wandert.

Ganz groß ist für mich der Film „Die Commitments". Alan Parker hat das Buch von Roddy Doyle verfilmt. Junge arbeitslose Menschen in Dublin möchten eine Soulband gründen und davon handelt der Film. Großartige Musik und witzige Kommentare. Einer der Filme, die ich von vorne bis hinten mitsprechen kann.

Wenn man aus dem Ruhrgebiet kommt und dort gerne gelebt hat, dann wird man auch diesen Film aus dem Jahre 1991 mögen. Sehr viele Parallelen stellt man zwischen Dublin von vor 25 Jahren und diversen Teilen des Ruhrgebiets fest. Die Menschen ähneln sich, außen sehr rau, aber mit einem weichen Herz. Ebenfalls eine hohe Arbeitslosenquote und sehr viel Ideenreichtum, wie man als Betroffener damit umgeht. Im Beispiel von den „Commitments" halt mit Musik.

Aber Heinrich Böll hat mich auch mit seinem wunderbaren „Irischen Tagebuch" inspiriert. Es stammt aus einer völlig anderen Zeit, einer Zeit, die etwa 25 Jahre vor meiner eigenen Geburt lag. Mit dem heutigen Irland ist sie nicht zu vergleichen, aber in meinen Augen notwendig, um das heutige Irland zu verstehen.

Während meiner Fahrt habe ich im Internet ein Tagebuch geführt. Dieses Tagebuch habe ich als Grundlage genommen, um dieses Buch mit Inhalt zu füllen.

Aber warum habe ich ein Tagebuch geführt? Wollte ich damit angeben? Nein, bestimmt nicht. Für mich war es gut, dass ich meine Eindrücke niedergeschrieben habe, aber wenn ich wusste, dass es Familie, Freunde, Bekannte, Arbeitskollegen oder andere Menschen gibt, die das lesen, da fühlte ich mich nicht alleine.

Lothar Santer
im Juni 2015

Tag 1 - 02. Juni 2015

Von Wuppertal über Düsseldorf und Dublin nach Kilkenny

Sehr lange bin ich mit der Idee schwanger gegangen, ob ich nun alleine nach Irland fliege oder nicht. Gerne wollte ich wieder alleine mit dem Rucksack verreisen, hatte aber ein schlechtes Gewissen meine Frau alleine zu lassen. Da sie selber keinen Urlaub hatte, hat sie mich dazu ermutigt.

Im Vorfeld habe ich die Flüge nach Dublin und zurück gebucht. Ich entschied mich für eine Route und kümmerte mich um die Unterkünfte und die Zugfahrkarten.

Um 7.30 Uhr habe ich die Wohnung verlassen und bin zum Bahnhof Wuppertal-Sonnborn gelaufen. Die ersten Meter mit dem Rucksack auf dem Rücken und meiner Kamera im Handgepäck kamen dann doch die ersten Zweifel auf, ob es eine so gute Idee war als Backpacker die Reise zu machen. Aber mit jedem weiteren Schritt verflüchtigten sich diese Gedanken und ich freute mich auf eine Woche Unabhängigkeit. Für mich war das schon wie ein kleines Abenteuer. Gestern Abend habe ich noch Panik geschoben, ob ich mit der Sprache klar kommen sollte. Verstehe ich die und können die mich verstehen? Aber davon wollte ich nichts wissen. Ich wollte jetzt nach Dublin.

Am Bahnhof Wuppertal-Sonnborn machte ich mit meinem Handy ein Selfie von mir mit dem Bahnhofsschild im Hintergrund, postete es in meinem Facebook-Profil und versendete es per WhatsApp. Da sah ich auch schon die S-Bahn-Linie 8, die mich nach Düsseldorf bringen sollte.

Da kann man noch so entspannt sein, wenn mir etwas gegen den Strich geht, kann ich auch zum Urlaubsbeginn sauer sein. Durchgeschwitzt bin ich in Düsseldorf am Flughafen angekommen, da die Deutsche Bahn sich wieder von der besten Seite gezeigt hat und ich im Berufsverkehr in einem halben Zug Platz nehmen durfte. So richtig stimmt das nun nicht. Ich bin mit meinem Rucksack in eine Ecke gequetscht worden, dass ich nicht fallen konnte.

Am Flughafen habe ich mich niedergelassen und ruhte mich etwas aus. Die bisherige Fahrt empfand ich als anstrengend, da ich mir mit meinem Rucksack überall wie ein Hindernis vorgekommen bin. Durch die großen Fenster im Wartebereich erblickte ich die Maschine von Aer Lingus, die mich zur grünen Insel bringen sollte.

Später in der Maschine hatte ich beim Flug den Eindruck, der Pilot hat extra Umwege in Kauf genommen, um jedes Luftloch mitzunehmen. Alle paar Minuten wurde man durchgeschüttelt oder der Flieger setzte ab und ich dachte, mein Magen würde sich mit meinem Gehirn den Platz in meinem Kopf teilen. Genervt war ich und freute mich umso mehr auf mein erstes Bier.

Am Flughafen in Dublin stand ich dann vor meiner ersten Herausforderung. Die Fahrkarten für den Busverkehr habe ich einen Tag vorher im Internet gebucht. Alles eigentlich kein Problem. Man zeigt an der Haltestelle die ausgedruckten Bestätigungen vor, die man per Mail erhalten hat und steigt in den Bus ein. Das klappte bei mir leider nicht, denn die E-Mail habe ich nicht erhalten. Dank des freien WLAN am Flughafen habe ich gesehen, dass erst kurz vor der Landung die Bestätigungen eingegangen sind. Ich bin mit meinem Smartphone zur Haltestelle und habe der Frau von der Busgesellschaft mein Telefon gezeigt. Sie wollte aber die E-Mails ausgedruckt haben. Ich versuchte ihr zu erklären, warum das nicht ging und sie bat mich zum Office am anderen Ende des Flughafens zu gehen. Auch in Dublin ist der Flughafen groß und der Spaß hat mich 45 Minuten Zeit gekostet. So war mir klar, dass ich den frühen Zug nach Kilkenny verpassen würde.

Mit dem Bus bin ich nach Dublin gefahren und die Stadt entschädigte mich für heute alles Erlebte. Blauer Himmel und Sonnenschein, es sah richtig gut aus. Der Bus brachte mich zum Bahnhof Heuston. Leider hatte ich dort knapp zwei Stunden Aufenthalt, da ich aus bekannten Gründen meinen Zug verpasst habe. Aber so hatte ich ausreichend Zeit, um eine Kleinigkeit zu essen. Ich habe mich für die Tagessuppe entschieden und dazu einen alten Bekannten zu mir genommen: ein Smithwick's. Nun konnte der Urlaub beginnen.

Nach dem Bier und der Suppe wartete ich im Bahnhof Heuston auf meinen Zug, der mich nach Kilkenny bringen würde.

Kilkenny habe ich mir nicht wegen des gleichnamigen Bieres ausgesucht. Das irische Kilkenny-Bier, das wir aus den heimischen Pubs kennen, wird erst seit kurzem in Irland selbst verkauft, da es nur für den Export vorgesehen war. Das eigentliche rote Ale von Guinness ist das Smithwick's, aber aufgrund der nicht so feinen Bedeutung im zweiten Wortteil in vielen Ländern der Welt, ist das Kilkenny für den Export entstanden. Es ist mit dem Smithwick's nicht zu vergleichen, da es etwas cremiger ist.

Kilkenny ist ein kleiner Ort im Südosten Irlands und hat gerade mal 8.700 Einwohner. Kilkenny ist Verwaltungssitz des gleichnamigen County. Von 1642 bis 1648 war Kilkenny sogar die Hauptstadt des damaligen Irlands.

In Kilkenny möchte ich in den Pub, der zur O'Hara-Brauerei gehört. Im Februar 2015, bei meinem ersten Aufenthalt in Dublin, ist mir

das Stout aufgefallen und machte mich neu-
gierig, mehr von der Brauerei zu probieren.

In dem Kopfbahnhof Heuston ist der Bahnsteig für meinen Zug freigegeben worden und
ich bestieg meinen ersten irischen Zug. Beeindruckend fand ich, wie sauber und pünkt-
lich die Züge hier sind. Da laut unserer Bun-
deskanzlerin Angela Merkel in Deutschland
Internet noch Neuland ist und Irland zu den
aufstrebenden Nationen gehört, hat man hier
in den Zügen freies WLAN in einer ordentli-
chen Qualität.

Der Weg vom Bahnhof zum Hotel war nicht
spektakulär. Kilkenny hat den Charme von
Lippstadt. Also das, was ich bis jetzt gesehen
habe. Mein Hotel ist das Kilkenny Inn. Empfohlen wurde mir es vom O'Hara-Brewery
Corner via Facebook. Ich habe den Pub einfach angeschrieben, ob die mir etwas nennen
können, wo ich gut in deren Nähe übernach-

ten kann. Der „Brewery Corner" ist der Pub, der zu der Brauerei O'Hara gehört.

Im Pub gelandet bekam ich eine extra Bierkarte unter die Nase gehalten. Die Auswahl an Bieren der O'Hara-Brauerei ist groß. Ich habe mich für ein Testbrett entschieden. Ein Testbrett ist ein Brett, das für vier kleine Gläser Platz bietet.

- O'Hara Amber Adventure ist bernsteinfarben. Im Geruch recht schwach, im Geschmack aber gewaltig. Der Hopfen wird aus Neuseeland importiert und ist sehr zitronig. Ein guter Einstieg, es macht Lust noch mehr zu testen.

- O'Hara Metalman Pale Ale ist ebenfalls bernsteinfarben und im Geruch schwach. Der Geschmack ist nicht so ausgeprägt, aber ich schmecke Mandarine und zum Ende hin zieht die Bitterkeit an.

- O'Hara Irish Red Nitro sieht aus wie ein typisches Red Ale und ist noch geruchloser. Aber es ist samtweich. Es schmiegt sich um die Zunge herum. Vielleicht täusche ich mich, aber ich schmecke etwas rauchiges heraus.
- O'Hara Leann Folláin ist ein stärkeres Stout. Es ist schwarz und riecht stark nach Röstmalz. Toll ist aber, dass es intensiv nach Kaffee und dunkler Schokolade schmeckt.

Später habe ich noch weitere Biere getrunken, jedoch hatte ich aber schon so viel getestet, dass ich mir kein vernünftiges Urteil erlauben kann. Geschmeckt hat mir aber dennoch alles. Im Hotel gönnte ich mir mit einem Smithwick's einen Absacker und freute mich auf die erste Nacht in Irland.

Abfahrt in Wuppertal.

Mein erstes Bier in Irland.

Gute Idee! Ein Testbrett mit vier
verschiedenen Bieren.

Der Brewery-Corner in Kilkenny.

Tag 2 - 03. Juni 2015

Von Kilkenny nach Cork

Was für eine Nacht. Das Bett war so durchgelegen, dass ich jede (!) Sprungfeder gespürt habe. Drehte ich mich, bohrte sich eine neue Feder in meinen Körper. Jedoch hatte es wiederum den Vorteil, dass ich mir aber den schönen Sonnenaufgang über Kilkenny ansehen konnte.

Im Bad war es nicht angenehmer. Ich habe ein Zimmer für Rollstuhlfahrer bekommen. Ins Bad wäre man mit dem Rollstuhl gekommen, aber vorher nicht in das Zimmer. Irgendetwas wird man sich dabei gedacht haben. Das hoffe ich zumindest. Die Dusche selbst ist eine eigenwillige Konstruktion und der Duschkopf hat in seinem letzten Leben Ausdruckstanz gemacht. Die Duschkabine ging vom Fußboden bis ungefähr zu meiner Hüfte. Da drüber gab es keinen Schutz. Ich hätte mich auf den Boden der Dusche hinsetzen können oder auch auf den Hocker, der an der Wand befestigt war und den man bei Bedarf herunter klappen konnte, aber einen zuverlässigen Schutz gab es nicht. Ende der Geschichte war, dass ich das komplette Bad unter Wasser gesetzt habe und es nicht viel gefehlt hat, dass das angrenzende Zimmer etwas davon abbekommen hat. Das anschließende Irish Breakfast hat mich die Sintflut vergessen lassen.

Ein Bier, das ich sehr gerne trinke, ist das Smithwick's Irish Ale. Was mir überhaupt nicht klar war, dass der Ursprung des Smithwick's in Kilkenny ist. Einen Flyer im Hotel habe ich gesehen und realisiert, dass das Smithwick's Experience nur wenige Meter vom Hotel entfernt ist. Die Frau an der Rezeption sagte noch, dass ich mit meinem schweren Rucksack bestimmt drei Minuten brauchen werde. Sie hatte Recht.

Bis zur Abfahrt meines Zuges um 11.41 Uhr hatte ich noch zwei Stunden, so bin ich zum alten Brauereigelände gegangen. Leider würde das Museum erst um 11.00 Uhr öffnen, sagte man mir. Als Entschädigung hat man extra für mich den Shop eher geöffnet. Hier habe ich dann realisiert, dass ich es am Vortag geschafft hätte, die Ausstellung zu besuchen, wenn ich den Zug nicht verpasst hätte.

So war ich shoppen und habe mit dem Verkäufer ein nettes Gespräch geführt. Er fragte mich, wo es mich heute hinzieht und ich sagte ihm Cork. Er hat mir in Cork die Franciscan Well Brauerei empfohlen, da er dort sieben Jahre selbst gewohnt hat. Die Brauerei hatte ich mir eh ausgesucht und das steigerte meine Vorfreude.

Von der Smithwick's Experience bin ich zum Bahnhof gegangen und habe einen anderen Weg gewählt. Hier hat sich nun Kilkenny in seiner ganzen Schönheit gezeigt. Eine liebevolle Kleinstadt. Viele kleine Geschäfte, Cafés und Pubs. Ein schöner Fluss durchquert die

Stadt. Irgendwann muss ich wieder zurück nach Kilkenny. Und dann möchte ich Kilkenny nicht mehr mit Lippstadt vergleichen.

Wenn ich etwas festgestellt habe in den letzten zwei Tagen, dann dass das Zugfahren in Irland kommunikativ ist. Ich selber bin nicht von irgendwelchen Menschen zu gequatscht worden, aber in den Zügen ist sehr viel Leben.

Meinen reservierten Platz hatte ich an einem Vierertisch. Die Reservierung über dem Platz wird wahlweise durch die Buchungsnummer oder dem eigenen Namen angezeigt. Mit mir am Platz saßen, so schätze ich, die Großeltern mit ihrem Enkel. Während der Fahrt kam der Verkaufswagen vorbei. Die Großeltern erfüllten ihrem Enkel allerlei Wünsche. Für den kleinen Jungen und für sich deckten sie sich mit Limonade, Tee, Chips und diversen Süßigkeiten ein. Der Tisch, an dem wir saßen, hatte am Rand eine Erhebung, so dass keine Flüssigkeiten über den Rand hinaus laufen konnten. Während die Großeltern sich im Gespräch befanden und Ihren Tee genossen, hat der kleine Junge immer wieder ausprobiert, ob er es schafft, den Tisch mit seiner Fanta zu fluten. Bei seinem ersten Versuch fanden es seine Großeltern noch recht amüsant, haben sich bei mir auch dafür entschuldigt. Bevor er es ein zweites Mal versucht hatte, hat er seine Großeltern genau beobachtet. Die beiden schauten weg, waren ins Gespräch vertieft und er flutete den Tisch ein weiteres Mal. Seine Großeltern waren nicht mehr so entspannt, aber die Dose Fanta zum Glück leer. Mich würde es nicht wundern, wenn die beiden älteren Herrschaften ihren Enkelsohn entweder als Terroristen oder als Tyrann bezeichnen würden.

Meine Route führte mich von Kilkenny über Kildare und Portlaoise nach Cork. So richtig habe ich das System noch nicht verstanden, wann von welchem Gleis welcher Zug abfährt. Auf den Fahrplänen ist das nämlich nicht zu erkennen. Aber wenn sich in einer meiner Pupillen ein Fragezeichen langsam zu bilden wagte, stand immer ein freundlicher Mensch in der Nähe und versuchte zu helfen.

Das war heute für meine Tour die längste Bahnfahrt. Das hatte nichts mit der Entfernung zu tun, eher mit dem schlecht ausgebauten Schienennetz.

Cork ist im Süden von Irland, in der Grafschaft Cork. Es hat 120.000 Einwohner und ist somit die zweitgrößte Stadt in Irland

Cork selbst könnte Wuppertal sein. Viele Treppen und Berge. An manchen Stellen hätte man auch einen Remake der "Straßen von San Francisco" drehen können, so steil waren die Straßen. Untergekommen bin ich in einem Hostel. Zwar ein Einzelzimmer, aber das Bad könnte auch das Klo einer Bahnhofskneipe sein. Beim kurzen Probeliegen fiel mir auf, dass die Matratze auch durchgelegen war. Die Sprungfedern waren nur feiner.

Ich machte mich etwas frisch und wollte wieder an die frische Luft. Dieses Zimmer lud nicht zum dauerhaften Verweilen ein.

Auf dem Weg ins Städtchen bin ich über einen Pub gestolpert. An der Hauswand stand in großen Buchstaben "Craft Beer" und ich wurde magisch angezogen. Ich habe mir ein Kinsale Pale Ale bestellt, aber es beeindruckte mich nicht. Es verwässerte im Abgang. Schade, ich wanderte weiter.

Und gewandert bin ich zur Franciscan Well Brewery, die nur noch 200 Meter entfernt war. Die Brauerei ist der eigentliche Grund meines Aufenthalts in Cork. Bei meinem Besuch im Februar in Dublin habe ich das Chieftian IPA von Franciscan Well erstmals getrunken und habe meine Frau damit genervt, es sei das beste Bier meines Lebens gewesen. Das habe ich auch hier direkt bestellt und ich war beeindruckt. Der Geruch verspricht nicht viel. Aber dann kommt das bernsteinfarbene Bier mit einer Hopfenbombe daher, Grapefruit entfaltet sich. Je länger ich das IPA auf der Zunge balanciere, schmecke ich immer mehr Früchte und im Hintergrund ist es weiterhin schön bitter und das bleibt beim Abgang lange erhalten. Anschließend habe ich das Rebel Red probiert, aber das hatte keine Chance. Das Chieftian IPA hat meinen Geschmack so sehr beeinflusst, dass ich nichts mehr herausschmecken konnte.

Beeindruckt war ich aber auch von der Brauerei selbst. Es hat einen urgemütlichen Biergarten und zwei Jungs backen dort in ihrem
Steinofen Pizza. Ich habe eine bestellt und
befand mich im Pizzahimmel. Ein dünner Teig
und nicht überladen belegt.

Die beiden Häuser neben der Brauerei stehen
zum Verkauf. Sollte ich bald im Lotto gewin-
nen, habe ich ein Ferienhaus.

Bevor ich vom Biergarten zum Hostel zurück-
gehen wollte, wollte ich lieber das schöne
Wetter noch ausnutzen und habe durch die
Innenstadt von Cork einen Spaziergang gemacht. Irgendwann hörte ich Trommelgeräu-
sche. Nachdem ich um zwei Ecken gegangen
war, sah ich eine größere Trommelgruppe, die
unter der untergehenden Abendsonne ein
kleines Straßenkonzert gegeben hat.

Einen Supermarkt brauchte ich auch noch. Ich fand einen Tesco, der auch noch später geöffnet hatte. Meinen Einkauf habe ich erledigt und begab mich zur Kasse. Leider hatten nur noch die Selbstbedienungskassen geöffnet. Ich war nicht sonderlich begeistert. Zum ersten Mal im Ausland eine solche Kasse zu bedienen und dann noch alkoholisiert nach dem Besuch der Franciscan Well Brewery. Eingescannt habe ich alles bekommen, dann musste ich es noch bezahlen. Die Annahme von Bargeld ging an dieser Kasse nicht, jedoch konnte ich mit meiner Kreditkarte zahlen. Wäre ich im Besitz einer irischen oder britischen Karte, wäre die Zahlung mit einer Pin-Eingabe möglich, ich musste aber unterschreiben und mich auf die Suche nach einem Mitarbeiter machen. Der gab mir einen Stift, aktivierte die Zahlung, erzählte mir etwas, was ich nicht verstand, ich unterschrieb und wir gingen unsere eigenen Wege.

Das behindertengerechte Badezimmer im
Hotel in Kilkenny mit Überflutungsgranatie.

Der Eingang zur Smithwick's Experience.

Das Kinsale Pale Ale sieht gut aus, aber
leider nicht mehr.

Am Ziel angekommen: Das Chieftian IPA
der Franciscan Well Brewery.

Tag 3 - 04. Juni 2015

Ein Tag in Cork

Nun, ich kenne jetzt den Unterschied zwischen dicken und dünnen Sprungfedern. Die dicken sind schmerzhaft, wenn man sich dreht. Die dünnen hingegen schmerzen nicht so sehr, aber sie klingeln bei jeder Bewegung. Ausgeruht ist anders.

Das Bad war abenteuerlich. Das Wasser zum Zähneputzen hätte ich am liebsten abgekocht, so sehr hat es nach Chlor gerochen. Unter der Dusche, hier war es eine handelsübliche Kabine, fehlte ein Knopf, um die Tür der Kabine zu öffnen. MacGyver hätte sich bestimmt etwas gebastelt, ich wurde aber leicht unruhig. Irgendwann ging die Tür dann doch auf.

Wenn ich dann auf der Brille der Toilette saß, durfte ich mich nicht hektisch bewegen, wenn ich zum Beispiel zum Papier greifen wollte. Die Toilettenschüssel war nicht richtig mit dem Boden verankert. Es war ein Balanceakt.

Ein Blick in den Frühstücksraum hat mir die Entscheidung abgenommen, wo ich frühstücke. Es gab nur Toast und Marmelade. Und den Altersdurchschnitt hätte ich auch empfindlich angehoben. Vielleicht sollte ich bei meiner nächsten Tour doch etwas mehr Geld für die Unterkünfte investieren. So habe ich mich entschieden auswärts zu frühstücken.

Heute fahre ich nicht mit dem Zug, ich bleibe eine weitere Nacht in Cork. Nach meinem auswärtigen Frühstück bin ich in der Innenstadt geblieben und habe mir die Stadt angesehen. Es ist unglaublich, wie viele Geschäfte ich für E-Zigaretten entdeckt habe. Entweder ist dieses Geschäftsmodell lohnenswert oder es gibt dafür öffentliche Fördergelder. Wie ist das denn? Wo man bei der herkömmlichen Zigarette um Feuer bat, fragt man da nach einer Batterie, wenn man nicht dampfen kann?

Cork hat in seiner Innenstadt einen alten Häuserbestand und einige Straßen sind für den Autoverkehr gesperrt. Wenn man sich in der Fußgängerzone befindet, dann konnte man der Hektik entfliehen, die sonst in Cork vorhanden ist. Zwischen den Geschäften findet man kleine Cafés, entweder von großen Ketten oder von Einzelkämpfern. Pubs sieht man nicht so viele.

Letztes Jahr habe ich Edinburgh besucht. Dort kann ich die Brewdog Bar empfehlen. Nach dem Besuch nachmittags in der Bar habe ich im Schaufenster eines Secondhand-Shops im Schaufenster ein Buch gesehen „1001 beers you must try before you die". Leider hatte das Geschäft geschlossen und am nächsten Tag war ich nicht mehr in Edinburgh. Ich habe mich sehr geärgert. Heute lief ich an einem Secondhand-Shop vorbei und sah wieder dieses Buch. Der Laden hatte geöffnet. Ich bin in das Geschäft und habe das Buch gekauft. Einen Blick wagte ich in das Buch und war sehr angetan von der liebevollen Beschreibung der jeweiligen Biere. Wenn ich mal den Anspruch haben sollte dieses Buch als Lebensaufgabe zu sehen und alle dort enthaltene Biere zu trinken, dann hoffe ich auf ein sehr langes Leben. Einziger Nachteil für mich ist, dass das Buch nicht nur 1.001 verschieden Biere beschreibt, es hat auch fast so viele Seiten. Ich bin noch am Anfang meiner Rucksackreise und werde von nun an dieses Papierbrikett tragen dürfen.

Bei meinem Gang durch Cork habe ich einige Wahlplakate hängen gesehen. Vor einigen Wochen haben die Iren über die Ehe für alle abgestimmt, der umgangssprachlichen Homo-Ehe. Ich habe nur die Plakate der Gegner gesehen und war doch überrascht, mit welchen Parolen versucht wurde Ängste zu schüren.

Wenn das die Politik war Anhänger für die Gegner zu finden, dann kann ich verstehen, dass eine überzeugende Mehrheit für die Ehe für alle gestimmt hat.

Irgendwann habe ich dann doch Pubs gesehen, gewaltig viele, und ich habe einen aufgesucht. Viele Pubs haben damit Werbung gemacht, dass bis 19.00 Uhr jedes Bier einen Euro weniger kostet.

Wenn ich schon Cork besuche, dann sollte ich auch die Stout-Klassiker von Murphy und Beamish trinken. Beide erzeugen keine Geschmacksorgasmen, aber zeigen die traurige Wirklichkeit der wirtschaftlichen Globalisierung. Murphy's wird noch in Cork gebraut, gehört aber zu Heineken. Beamish selbst wurde erst an Carlsberg verkauft und dann an Heineken. Das führte dazu, dass die Brauerei 2009 geschlossen worden ist und nun auch von der Brauerei produziert wird, die bereits Murphy's braut.

Beamish ist hier seiner Tradition aber treu geblieben. Wenn man in den Pubs Einheitspreise kennt, dann ist das Beamish dennoch immer günstiger. Beamish wollte den Ruf behalten immer günstiger zu sein. Für den irischen Markt mag ich aber nicht einschätzen zu wollen, ob sich das positiv oder negativ für die Brauerei ausgewirkt hat.

Bei meiner abendlichen Tour bin ich wieder zum Franciscan Well gegangen. Zum einen wollte ich wieder das Chieftian IPA trinken, aber auch die Pizza von gestern hat es mir angetan. Heute ist es etwas kühler, da bin ich froh, dass die Heizstrahler eingeschaltet worden sind. Es gibt nun die eine Fraktion, die sich Sorgen um mich macht, da mir sonst nie kalt ist. Legendär ist das Bild, ich sitze im Winter neben meiner Frau auf der Couch, sie bekleidet mit Decke und Fleecejacke und ich daneben in Shirt und Shorts. Und die andere Fraktion fragt sich, warum ich aus ökologischen Gründen diesen Pub nicht boykottiere. Es geht doch nur die irische Welt kaputt und nicht meine.

Bei meinem heutigen Spaziergang tagsüber durch Cork ist mir die Brauerei Rising Sons aufgefallen. Dort wollte ich heute hin und bin dort nach meinem Besuch der Franciscan Well Brewery gelandet. Ein recht moderner Bau. Ist sehr auf eine Sportsbar aus. Neben bekannten Bieren gibt es hier auch selbstgebrautes. Als erstes entschied ich mich für ein Handsum. Das ist kein IPA, das ist mehr. Das ist ein Hopfensturm auf meine Geschmacksknospen. Das ist herb. Wer bei einem herben Bier an ein Jever denkt, der vergleicht Bier mit Cola. Meine Fresse, das ist geil.

Aber ich schließe für heute, da ich wieder in der falschen Reihenfolge bestellt habe. Ich habe mir ein American Amber Ale vom Tresen geholt, aber das Handsum ist noch gegenwärtig und ich konnte keinen Eigengeschmack erkennen.

Auf dem Weg zurück ins Hostel wurde ich von einem derben Regenschauer überrascht. Es regnete so stark, dass sich Blasen auf der regennassen Straße gebildet haben. Leider hatte ich keinen Pub mehr unterwegs entdeckt. Im Hostel angekommen war ich durchgeweicht. Am Vorabend wurde ich von der Nachtwache noch freundlich, aber bestimmt, darauf hingewiesen, dass man keine alkoholisierten Gäste duldet. Heute wurde ich wieder aufgehalten, aber nur insofern, dass mir der Portier auf meine nasse Schulter klopfen konnte und lachend ein „Fucking Rain" zurief.

Dieses Badezimmer kann ich nicht unterdrücken. Es sieht harmlos aus, aber wehe, man verrichtet sitzend sein Geschäft.

In Edinburgh gesehen und in Cork gekauft.

Die beste Pizza meines Lebens hatte ich in Cork, ...

... die im Biergarten der Franciscan Well Brewery gebacken wird.

Tag 4 - 05. Juni 2015

Von Cork nach Limerick

Noch einmal durfte ich das einzigartige Well-nessangebot des Hostels genießen. Sagen wir es mal so, ich kann mir nicht vorstellen, es zu vermissen. Ich habe mich aber entschlossen meinen Rucksack neu zu packen und das wurde eine Herausforderung. Der ist bis oben voll. Eigentlich wollte ich in Dublin noch einen Sixpack Smithwick's kaufen und nach Wuppertal mitnehmen, aber das könnte abenteuerlich werden.

Auf das Frühstück habe ich auch heute erneut im Hostel verzichtet und mich direkt auf den Weg zum Bahnhof gemacht. Dort habe ich einen erstklassigen Kaffee und ein zweitklassiges Sandwich bekommen. In der Bahnhofshalle saß ich weit über eine Stunde und ich habe es sehr genossen. Wenn mein Zug nicht gekommen wäre, ich hätte es noch länger ausgehalten. Die Bahnhofshalle in Stockholm ist mehrfach größer, aber strahlt eine ähnliche Ruhe aus.

Auf dem Weg nach Limerick musste ich an meine Schulzeit denken, denn im Englischunterricht haben wir einen Limerick (besondere Versform) durchgenommen:

There was a young lady of Riga,
Who smiled when she rode on a tiger.
They came back from the ride
With the lady inside,
And the smile on the face of the tiger

Schon damals habe ich mich gefragt, warum ausgerechnet Riga? Ich habe eine uns bekannte Suchmaschine betätigt und sah, dass in der Urform gar nicht Riga genannt war. Niger war es, aber da man auch hier politisch korrekt sein wollte, hat man diesen Limerick umgedichtet. Es ist natürlich ein Unterschied, ob eine starkpigmentierte Afrikanerin oder eine unterpigmentierte Osteuropäerin vom Tiger gefressen wird.

Bei der Planung der Fahrt ist mir neben dem Bahnhof Limerick der Bahnhof Limerick-Junction aufgefallen, der immerhin 35 Minuten Fahrzeit von Limerick entfernt ist. So richtig nachvollziehen konnte ich das nicht, aber vor Ort ist es mir aufgegangen. Auf der Fahrt von Cork nach Limerick durfte ich dort umsteigen und um diesen Bahnhof herum ist nichts. Aber gar nichts. So kam mir die Idee, dass sich dort diverse Fernverkehrszüge kreuzen und von dort Zubringerzüge nach Limerick eingesetzt werden. Ich habe keine Ahnung, ob diese Theorie stimmt, aber mir gefällt sie.

Limerick hat 57.000 Einwohner, ist im Westen von Irland und ist Verwaltungssitz der Grafschaft Limerick.

Bekannt war mir bis jetzt immer, dass die Schulen unterschiedliche Schuluniformen haben. Aber den Unterschied zwischen Cork und

Limerick fand ich, um es mal neutral auszudrücken, groß. Mit ist es auch nur bei den älteren Schülerinnen aufgefallen. In Cork hatten die Schülerinnen Hosen an, die sehr zu ihrem Vorteil geschnitten sind. Natürlich objektiv gesehen. Es hatte schon etwas verruchtes. In Limerick wähnte ich mich in einer anderen Welt. Röcke bis zum Boden. Ich dachte, ich bin hier bei den Amish gelandet. Da fand ich meinen Kaffee nun doch interessanter.

Abends habe ich mich auf eine Empfehlung vom Trip Advisor verlassen. Glen Tavern ist ein Pub in der Nähe von meinem Hotel. Dort werden auch lokale Biere angeboten und ich habe mir direkt ein White Gypsy Ruby Red bestellt. Ein sehr mildes, cremiges Ale. Kurz darauf kam mein Essen und das Ale war zu Fish 'n' Chips der ideale Begleiter. Anschließend hat mir der Wirt das Harris Pale Ale von der Treaty City Brewing Company empfohlen.

Ich liebe es, wenn der Wirt weiß, warum ich das trinken soll, denn es passt gut zum Fisch, den ich vorher hatte. Voller Hopfen, Citrus schmieg sich an und zum Abgang hin meldet sich die Süße des Malzes zu Wort. Später hatte ich ein **Dublin Porter** und paar **Smithwick's**. Dabei schaute ich mir das Länderspiel Schottland – Katar an. Sehr schöner Pub, hier fühle ich mich wohl.

Der Wirt gefiel mir. Kam immer an meinen Tisch, um kurz mit mir zu plaudern. Irgendwann fragte er, wo ich herkommen würde. Ich sagte ihm Deutschland und er berichtete mir von einem Freund, der in Köln lebt und den er mal besuchen war. Er erwähnte direkt das Kölsch und es kam ihm wegen der geringen Glasgröße komisch vor. Ich bedauerte ihn, auch wegen des Geschmacks. Da taute er auf. Er fand das Kölsch ja so grauenhaft. Geschmeckt hat es ihm nicht und etwas anderes bekommt man ja in Köln auch nicht zu trinken. Ich konnte ihm versichern, dass es nur in Köln so ist und in jeder anderen Stadt in Deutschland ist man beim Bier toleranter.

Ein älterer Herr ist aufgrund meiner Aussprache auf mich zugekommen und wollte wissen, wo ich herkomme. Ich antwortete ihm, dass ich Deutscher sei. Es war ein nettes Gespräch, aber er sagte mir, dass er Adolf Hitler auch nicht gemocht hat. Er kam immer näher zu mir ran. Also so nah, dass ich die Feuchtigkeit seiner Aussprache in Augenschein nehmen konnte. Und er sprach leise. Er erzählte mir, dass die Iren Hitler eigentlich lieben würden, da Hitler genau wie die Iren die Engländer gehasst hat. Ich war erstaunt, wollte ich jetzt nun wissen, warum er kein Hitler-Freund sei. Er kam mir noch näher und seine Aussprache wurde noch feuchter. Er sagte, es dürfe niemand hier wissen, aber er ist gebürtiger Brite. Ich war dann doch froh, dass das Gespräch irgendwann mal vorbei war.

An diesem Freitagabend habe ich die irische Gastfreundschaft kennengelernt. Ich hatte bereits gezahlt und wollte gehen, da fingen zwei Männer an Musik zu machen. Kein Irish Folk, Covermusik von diversen bekannten Liedern der 1980er Jahre bis heute. Die beiden machten richtig Stimmung und bei Stücken von U2 dachte ich, die Leute reißen gleich den Pub ab. Ich stand zufällig in der Nähe einer Familie. Später habe ich die Familienverhältnisse herausgefunden. Vater, Mutter, deren erwachsene Tochter Cara und ihr Onkel. Cara und ihre Familie haben mich in ihre Runde aufgenommen.

Mit der Bevölkerung kommt man schnell ins Gespräch und hier war es auch der Fall. Es war eine tolle Atmosphäre und wir haben gefeiert.

Wartezeiten an Bahnhöfen liebe ich. Wenn
ich dann noch wie in Cork einen leckeren
Kaffee habe, ist es grandios.

Wenn ein Pub in seinen Räumen so ein
Schild aufhängt, dann hat der Gastwirt
Humor. Und in der Glen Tavern in Limerick
hat man sehr viel Humor.

Fish and Chips sind in der Glen Tavern
schon sehr geschmackvoll, ...

... aber abgerundet wurde es mit einem
Pale Ale einer lokalen Brauerei. Eine
Empfehlung des Gastwirtes.

Tag 5 - 06. Juni 2015

Von Limerick nach Galway

Statt von gestern auf heute zu schlafen, bin ich erst heute früh ins Bett gekommen. Ich war ja gestern in dem Pub Glen Tavern in Limerick und habe lange gefeiert. Viel gesungen und noch mehr getrunken habe ich. In ganz Irland dürfte es kein Smithwick's mehr geben. Ein lustiges Volk, ich bin sofort von einer Gruppe aufgenommen worden um mit denen mitzufeiern.

Mein Hotelzimmer war aber toll. Das Bett selber war sehr angenehm. Auf dieser Matratze hätte ich es noch weitere Stunden aushalten können, jedoch fuhr mein Zug nach Galway bereits um 20 nach 9 und ich wollte vorher noch im Hotel frühstücken. Da hat das Hotel dann aber Abzüge bekommen. Das Frühstück selbst war gut, nur die Beschäftigte müsste noch einige Seminare zum Thema Dienstleistungsbereitschaft besuchen. Ihr Verhalten kenne ich nur aus schlechten Komödien. Sie beschäftigt sich mit ihrem Smartphone, Gäste rufen nach ihr, sie schaute kurz auf und macht am Telefon weiter. Herrlich. Statt den bestellten Tee habe ich Kaffee bekommen, der war aber so dünn, dass ich mich nicht traute ihn zu reklamieren. Nicht, dass es doch Tee gewesen war und wer weiß, wie die *Service*kraft reagiert hätte.

Die Zugfahrt von Limerick nach Galway war auch nicht so prickelnd. Bei mir im Zug saß eine Horde trinkender Iren, die auf dem Weg zu einem Junggesellenabschied waren. Es ist unglaublich, in welcher Geschwindigkeit immer wieder neue Bierdosen geöffnet wurden. Dabei haben aber die Männer nicht positiv über die künftige Braut gesprochen, aber aus Gründen meiner guten Erziehung werde ich keine Details verraten. Es hörte sich aber wie ein Wanderpokal an.

In Galway angekommen habe ich realisiert, dass es zum Hotel ganze drei Kilometer Fußweg sind. Prompt fing es natürlich an zu regnen. Stark zu regnen. Ich habe mir ein Taxi gegönnt, der Fahrer hat die Taxiuhr erst zur Hälfte des Weges eingeschaltet und dann den Preis noch abgerundet. Das Trinkgeld aber wollte er dann nicht annehmen.

Galway ist mein westlichstes Ziel meiner Reise gewesen und hat 75.000 Einwohner

Das Anno Santo Hotel in Galway war die günstigste Unterkunft auf meiner Tour durch Irland. Nach meiner Erfahrung mit der günstigen Übernachtung in Cork hatte ich ein mulmiges Gefühl. Die Übernachtung im Einzelzimmer kostete 35,00 €. Beim Check-Inn hat der Hotelier sich dafür entschuldigt, dass er mir bei dem Preis nur ein Continental Breakfast anbieten kann. Wenn ich aber ein Full

Irish Breakfast präferieren würde, müsste ich einen Aufpreis von 5,00 € in Kauf nehmen. Das habe ich gerne gemacht. Mir sind die vielen Chinesinnen in dem Hotel aufgefallen. Später entdeckte ich, dass es sich bei dem Hotel um eine chinesische Sprachschule handelte, aber auch um ein Lehrhotel, in dem Chinesen ausgebildet werden. So erklärte sich der Preis für mein Einzelzimmer. Mein Zimmer war geräumig und sauber und das Bett bequem. Die Lage gefiel mir und war nur fünf Minuten Fußweg von der Küste entfernt.

Am Nachmittag bin ich raus zum Strand. Da habe ich noch gemerkt, wie sehr mir der letzte Abend in den Knochen hing. Nach einem guten Kaffee habe ich die Oslo-Bar gesehen. Eigentlich wollte ich erst am Abend hier hin, aber vor dem Pub stehen Sitzmöglichkeiten mit Blick aufs Meer. Da konnte ich nicht widerstehen, denn seit der Jever-Werbung wissen wir, wie gut Bier und Meer zusammenpassen. Und außerdem sitzt man eh zu selten am Meer. Die Oslo-Bar bezeichnet sich als "The Home of the famous Galway Bay Brewery". So war die Brauerei schon ausgemacht. Ich habe mich für ein Of Foam and Fury entschieden. Es ist ein IPA und da es nur in 0,33er Gläser zum vollen Preis ausgeschenkt wird, ist es schon eine Aussage zum Alkoholgehalt (8,5 %). Übel ist, dass der Alkohol im Geschmack nicht vorkommt, aber sonst schmeckt es und sieht aus wie ein ordentliches IPA.

Nach einem weiteren Spaziergang am Meer bin ich doch wieder in der Oslo-Bar gelandet. Zu meinem Essen bestellte ich mir ein Stout. Sie haben zwei und ich nahm Buried at Sea. Leider die falsche Wahl, denn dieses Stout ist süß. Das gefällt mir nicht. Das zweite Stout ist eigentlich ein Porter, das Stormy Port. Das ist weitaus herber und wunderbar kommen die Aromen von Espresso und dunkler Schokolade durch, aber so richtig packt es mich nicht. Ich möchte etwas richtig Herbes haben. Und genau das habe ich mit dem Full Sail IPA bekommen. Herb und viel Frucht. Ein schöner Abschluss für den Tag.

In der Oslo-Bar ist mir aufgefallen, wie schlecht meine Aussprache ist. Ich wollte zahlen und ich bekam den Betrag auf Deutsch genannt. Ich trank mein Bier aus und freute mich auf den Spaziergang am Meer.

Lange habe ich mich am Meer aufgehalten. Die Sicht war klar und so viele Wolken waren auch nicht am Himmel. Während meines Blicks auf das Meer, wurde mir bewusst, dass das nächste Stück Land der amerikanische Kontinent sein wird. 3.100 Kilometer Atlantischer Ozean geradeaus und dann war man in Kanada. Ich stand hier und hatte vor dieser Wassermenge schon viel Respekt. Versunken in meinen Gedanken dachte ich an die irische

Hungersnot von vor 160 Jahren. Damals sind aufgrund der Kartoffelfäule eine Millionen Iren, 12 % der damaligen Bevölkerung, verstorben und zwei Millionen Iren sind ausgewandert. Viele nach Kanada und in die Vereinigten Staaten. Wie viele Menschen standen damals wie ich heute an der Küste und haben in Richtung Amerika geschaut? Sie nahmen ihren Mut zusammen, haben ein Schiff bestiegen, entweder alleine oder mit Familie, und fuhren übers weite Meer. Wie viele Menschen haben auf der Schifffahrt ihr Leben lassen müssen? Ich schüttelte mich kurz und brachte meine Gedanken wieder in der Gegenwart unter, wo ich an die Flüchtlinge denken musste, die das Mittelmeer überqueren mussten. Zwar 160 Jahre später, aber vielleicht war damals das Schiffsmaterial ein besseres. Ich bin zurück ins Hotel gegangen.

Man sitzt einfach viel zu selten am Meer.

Ein Tag am Meer entschleunigt und Irland
hat mich eh schon entschleunigt.

Tag 6 - 07. Juni 2015

Von Galway nach Dublin

Heute habe ich für meine Verhältnisse recht lange geschlafen, was grundsätzlich in Ordnung ist. Nur das Wetter war heute früh in Galway sehr schön und ich hätte gerne einen weiteren Spaziergang am Strand gemacht. Gerne hätte ich auch mein Gespräch mit dem Meer fortgeführt. Vielleicht war das Meer auch gestern froh, dass ich mal gegangen bin. Habe ich ihm wohl ausreichend die Wellen vollgequatscht.

In dem Anno Santo Hotel habe ich richtig gut gewohnt. Das Zimmer war groß, das Bett bequem, alles toll. Ok, ich habe mich im Badezimmer über den Hinweis gewundert, dass davon abgeraten wird das Leitungswasser zu trinken. Selbst von dem Frühstück war ich angetan.

Für die Strecke zum Bahnhof habe ich mir ein Taxi rufen lassen. Ich hatte ein amüsantes

Gespräch mit dem Taxifahrer. Aber das ist wieder typisch für mich. Kurz vor der Abreise werde ich in der Sprache sicherer. Das hätte ruhig eher passieren dürfen, dann wäre mir die eine oder andere Situation erspart geblieben. Ach ja, auch hier hat der Taxifahrer den Fahrpreis abgerundet.

Mit dem Taxifahrer habe ich mich über Bier unterhalten. Er wollte wissen, welches irische Bier ich gerne trinke. Da erzählte ich ihm, dass ich das Smithwick's toll finde, ich aber auch die kleinen lokalen Brauereien genossen habe. Nachdenklich sagte er mir, dass ich als Ausländer ihm sagen muss, wie gut das irische Bier ist und er am liebsten das dänische Carlsberg trinkt. Er fing an zu lachen und prustete, dass er nur Carlsberg mag, vom niederländischen Heineken hat er immer ganz schlimmes Kopfweh.

Meine Zugfahrt nach Dublin war sehr entspannt und es hat sich ausgezahlt, dass ich einen reservierten Platz hatte. Es ist richtig voll geworden. Gefreut habe ich mich auf den kurzen Halt in Tullamore. Dort habe ich im Jahr 2001 mit sechs anderen Menschen ein Hausboot bestiegen und wir schipperten dann zwei Wochen über die Insel. Eine unvergessliche Zeit, auch die 96 Schleusen haben in meinen Erinnerungen ihren festen Bestandteil.

Endlich in Dublin, Irlands Hauptstadt. Am Bahnhof Heuston hatte ich von den Commitments wieder „Mustang Sally" im Ohr. Dublin verbinde ich so sehr mit diesem Film. Aber Dublin hat mit seinen 520.000 Einwohnern mehr zu bieten. Es ist schon beeindruckend, welche Musiker aus Dublin kommen: Bono, Adam Clayton und The Edge von U2, Glen Hansard, dem Gitarristen der Commitments,

Enya, Rea Garvey, Bob Geldof und Sinéad O'Connor.

Wieder habe ich mir vorgenommen in Dublin nach Drehorten von dem Film „The Commitments" zu schauen, aber ich greife mal vorweg. Auch dieses Mal bin ich nicht fündig geworden.

In Dublin hatte ich ein Hotel etwas außerhalb. Mir waren im Stadtzentrum die Hotels definitiv zu teuer und so nächtige ich in Tallaght. Um nach Dublin rein zu fahren, brauchte ich mit der Straßenbahn eine halbe Stunde. Aber wenn ich an die Hotelpreise denke, ist es zu verschmerzen.

Das Hotel Glashaus ist ein modernes Gebäude. Ich habe den Eindruck, dass das ganze Stadtviertel noch nicht so alt ist und alles zusammen mit der Straßenbahnstrecke entstanden ist. Dublin hatte bis 1949 (in den Vororten bis 1952) bereits eine Straßenbahn. Im Jahr 2004 wurden die beiden autarken Linien eingeweiht. Irgendwann bis 2019 sollen die beiden Linien im Stadtzentrum zusammengeführt werden. Der Name der Straßenbahn ist Luas. Das kommt aus dem Gälischen und bedeutet Geschwindigkeit. Auf der Strecke werden Niederflurfahrzeuge eingesetzt. Die Idee einer U-Bahn in Dublin hat man auch noch nicht verworfen.

Aber nun zurück zum Hotel, dass direkt neben der Endstation der roten Linie ist. Ich hatte ein richtig schönes Zimmer und das mit einer Besonderheit: Im Badezimmer habe ich eine Klobürste gesehen. Bereits im letzten Jahr ist mir in England und Schottland aufgefallen, dass Klobürsten nicht zur Standardausstattung eines Hotelzimmers gehören. Mit diesen Erfahrungen und einer großen Portion Mut würde ich über einen Klobürstenexport nach Großbritannien und Irland nachdenken. Damit kann man bestimmt gutes Geld verdienen.

Gegenüber des Hotels befindet sich ein Einkaufszentrum mit einem riesigen Tesco. Dort musste ich hin und wollte die letzten Einkäufe für die Heimreise tätigen. Eigentlich wollte ich nur paar Dosen Smithwick's, aber auch die mussten gekauft werden. Ich liebe es ja im Ausland durch einen Supermarkt zu laufen, so habe ich das hier auch genossen.

Kurz darauf bin ich in die Innenstadt gefahren. Voll war es. Nicht nur Touristen, auch eine mir unbekannte Sportart wurde in den Pubs übertragen. Irland gegen England hat gespielt, die Spieler hatten Stöcke in einer Hand und einen Kopfschutz auf. Sah interessant aus, verstanden habe ich nichts. Ich glaube, das nennt sich Hurling. Ich konnte aber am Spielstand nicht erkennen, welche Mannschaft führt.

Ich bin in die Sweetman Craft Brewery und habe mir ein Pale Ale bestellt. Das kam mir sofort bekannt vor, das habe ich im Februar schon getrunken. Es ist nicht besonders herb, aber unheimlich fruchtig. Das Bier macht Spaß. Anschließend bin ich auf das Red Ale gewechselt, dachte mir, dass es vom Geschmack dünner ist. Nö, da hat sich der Braumeister gedacht, wenn mal der Lothar kommt, dann zeige ich es ihm. Für ein Red Ale ungewöhnlich würzig. Hopfen ist vorhanden und begleitet mich lange. Für mich die Überraschung des Tages.

Vor dem Pub hielt ein Reisebus mit asiatischen Touristen. Die sahen durch die großen Fenster viele Bier trinkende Menschen und alle (!) zückten ihre Kameras. Kurios, was in anderen Kulturen als Attraktion gilt.

Nach einem kurzen Spaziergang durch die überfüllten Straßen bin ich in die Trinity-Bar eingekehrt. Hier gibt es keine neuen Biere zu testen, aber im Februar war ich von den Chicken Wings angetan. Sehr scharf mit einem Blauschimmelkäsedip. Die habe ich mir als Vorspeise bestellt, aber diesmal waren sie laff und normal. Als Hauptgang hatte ich Arthurs homemade Steak with Guinness-Pie und das war klasse. Zum Essen trank ich ein Franciscan Well Chieftian IPA und später ein Smithwick's Pale Ale. Das Pale Ale von Smithwick's ist recht dünn. Da ich das Irish Ale von denen mag, waren meine Hoffnungen groß. Mich erinnerte es leicht an den missratenen Versuch von Beck's ins Craftbeer-Geschäft einzusteigen.

Wo ich da so saß und mein Bier trank, wurde ich leider aufgefordert mich an einen anderen Tisch zu setzen, da meine Ecke für die Kapelle vorgesehen war, die später Livemusik machen sollte. Da die vorgeschlagene Alternative keine Alternative war, habe ich gezahlt und habe mich in die nächste Straßenbahn gesetzt. Mir war es in Dublin einfach zu voll. Viele Menschen, auffallend hohe Polizeipräsenz und an jedem Eingang, egal ob Pub, Restaurant oder Geschäft, war mindestens ein Sicherheitsmann. Ich fahre zum Hotel und trinke dort an der Bar mein letztes Bier.

Im Hotel angekommen bin ich direkt zur Hotelbar durch. Dort bestellte ich ein Smithwick's und der Barkeeper sagte mir, dass es ausgegangen sei. Er hat mir ein Clonmel 1650 empfohlen. Ein irisches Lagerbier, aber ich habe es schnell getrunken. Das war eine ganz dünne Suppe. Hergestellt wird das Bier von Bullmers, die eigentlich nur Cider machen. Vielleicht sollte man denen sagen, dass man sich auf das konzentriert, was man schon seit Jahren produziert. Entschädigt wurde ich aber durch die anderen Hotelgäste in der Hotelbar.

Zwei Männer hatten ihre Gitarren dabei und machten Musik. Mir hat das so sehr gefallen, dass ich länger geblieben bin, aber unbedingt ein anderes Bier trinken wollte. So habe ich mir am Tresen dann doch ein Guinness geholt. In Dublin passt es aber auch Guinness zu trinken, denn Dublin hat Arthur Guinness und seiner Brauerei viel zu verdanken. Viele Gebäude wurden von Guinness gebaut. So hatte vor zweihundert Jahren ein Arbeiter der Brauerei Anspruch auf eine Werkswohnung. Da die Brauerei schnell größer wurde, wurden auch viele Häuser gebaut. Guinness selber war auch ein fairer Arbeitgeber. Während des Urlaubs hatten die Beschäftigten Anspruch auf Lohnfortzahlung. Da die Brauerei auch viele Frauen beschäftigt hatte, konnten schwangere Frauen nach der Entbindung an ihren vorherigen Arbeitsplatz zurückkehren. Heute ist das selbstverständlich, damals war es eine Besonderheit.

Die Züge in Irland sind einfach gehalten,
aber zweckmäßig.

Bereits im Juni bekommt man in den
einschlägigen Souvenirgeschäften
geschmackvolle Weihnachtsdeko.

Ein Guinness-Pie, eine sehr leckere Angelegenheit und sollte in Irland unbedingt probiert werden.

In Dublin die wahrscheinlich letzte Chance genutzt das Chieftian IPA der Franciscan Well Brewery zu trinken.

Tag 7 – 08. Juni 2015

Heimweg von Dublin über Düsseldorf nach Wuppertal

Rückreise. Meinen heutigen Tagebucheintrag fing ich an im Bus zum Flughafen zu schreiben. Auch hier gibt es freies WLAN. Interessant fand ich, dass hier aber die Internetseite der BILD-Zeitung gesperrt ist, aber die von der deutschen Playboy-Seite nicht. Die von der Frankfurter Rundschau auch nicht. Muss ich mir denken, dass die Iren den Playboy mit der Frankfurter Rundschau gleichsetzen? Egal, ich fand es amüsant.

Immer wenn ich mich auf der Rückreise befinde, denke ich über den Urlaub nach. Ich hatte eine tolle Zeit in Irland. Das eine oder andere Klischee wurde leider nicht erfüllt. Gerne hätte ich mehr rothaarige, attraktive Irinnen gesehen. Dieses Glück hatte ich aber nur in der Glen Tavern in Limerick. Dublin ist eine faszinierende Stadt. Aber wenn der Sommer kurz vor seinem Anfang ist, ist mir die Stadt zu voll. Ich war im Februar mit meiner Frau hier und das war für mich die ideale Reisezeit. Länger wäre ich gerne in Galway geblieben. Mir hat das Meer gut getan und gut gefallen. Grundsätzlich habe ich bei der Reiseplanung einen großen Fehler gemacht. Ich hätte in jedem Ort zwei Übernachtungen haben müssen. Ich habe einfach zu wenig von den Orten gesehen. Wenn ich nachmittags angekommen bin, konnte ich nicht mehr viel besichtigen. So ist es wirklich zu einer reinen Pub-Tour verkommen. Jedoch wüsste ich nicht, welche Etappe ich von meiner Reise hätte streichen wollen. Jede Stadt war reizvoll.

Kurz vor Schluss kam noch etwas Hektik auf. Ich habe mir im Kalender eine falsche Abflugzeit aufgeschrieben. Mein Flieger ging eine Stunde eher und ich habe es erst am Flughafen bemerkt. Aber alles geschafft. Ich wartete darauf ins Flugzeug zu dürfen und konnte noch ein kleines Smithwick's trinken.

Der Abflug verschob sich aber dann um fast anderthalb Stunden. Erst kam das Flugzeug mit Verspätung aus Deutschland und dann war ein Passagier abhanden gekommen. Er fehlte, man wartete, er wurde erneut aufgerufen, es folgte keine Reaktion, sein Gepäck wurde aus dem Flugzeug geholt, der Passagier kam dann doch und sein Gepäck wurde wieder eingeladen. Ein anderer Passagier fragte ihn, wo er geblieben ist und er antwortete lapidar, dass er noch sein Bier austrinken musste.

Zurück in Düsseldorf ist mir eines bewusst geworden: Irland entschleunigt. In Cork und Dublin habe ich von einer Hektik geschrieben, aber dort war es für irische Verhältnisse hektisch. Es war ein guter Gedanke in einem kleinen Ort wie Kilkenny den Urlaub zu beginnen. Dort konnte man sich sinnbildlich zurücklehnen und durchatmen und als Tourist sich darauf einlassen.

Bei meinen Fahrten mit der irischen Eisenbahn musste ich oft an die bekannten irischen
Reisesegen denken. Mittlerweile habe ich ge-
lernt, dass es mehrere gibt, aber einen habe
ich exemplarisch auf der Reise in meinem
Kopf gehabt:

Der Herr gehe vor dir her
und zeige dir den Weg.
Der Herr sei hinter dir
und schütze dich vor allem Argen.
Der Herr sei neben dir,
dass du dich niemals einsam fühlst.
Der Herr sei unter dir,
dich aufzufangen, wenn du fällst.
Und der Herr sei über dir
und halte die Sehnsucht nach dem
Himmel in dir offen.
So segne dich der gütige Gott.

Es ist kurios, aber dieser Segen war mir am
Bahnhof des Flughafens Düsseldorf besonders präsent. Der Zug zum Hauptbahnhof

Düsseldorf hatte Verspätung und auf dem Bahnsteig drängelten sich die Menschen. Die Ruhe und Gelassenheit des Segens war für mich in einer anderen Welt. Faszinierend, aber auch traurig.

Am Düsseldorfer Hauptbahnhof bin ich dann in die S-Bahn umgestiegen, die mich nach Wuppertal-Sonnborn bringen sollte. Ich finde es löblich, dass auf die Deutsche Bahn Verlass ist. Genau wie auf der Hinfahrt bekam ich im Berufsverkehr einen halben Zug. Ja, es hat mich gestört, aber auch ja, ich habe es nicht an mich heran gelassen.

Ich habe die Hoffnung, dass ich viel von der irischen Ruhe und Gelassenheit in den Alltag übernehmen und lange davon zehren kann.

Abschied und Abreise.

Mein persönlicher Abschied am Flughafen:
ein Smithwick's kurz vorm Rückflug.